LOUIS VEUILLOT

PARIS. — TYP. SIMON RAÇON ET COMP., RUE D'ERFURTH, 1.

LOUIS VEUILLOT

Publié par G. HAVARD

LES CONTEMPORAINS

LOUIS VEUILLOT

PAR

EUGÈNE DE MIRECOURT

PARIS
GUSTAVE HAVARD, ÉDITEUR
15, RUE GUÉNÉGAUD, 15
1856

L'Auteur et l'Éditeur se réservent le droit de traduction
et de reproduction à l'étranger.

AVIS DE L'ÉDITEUR

Les nombreux tirages qui se succèdent pour chaque volume permettent à M. Gustave Havard, éditeur des *Contemporains*, d'apporter à la seconde série des améliorations notables : le papier sera plus beau et plus fort, le texte sera imprimé en caractères neufs, les portraits et les autographes seront améliorés; tout, en un mot, se réunira pour reconnaître autant que possible l'accueil bienveillant du public.

LOUIS VEUILLOT

Depuis le commencement de cette œuvre, nous avons donné des gages assez sérieux de foi chrétienne pour qu'on ne nous accuse pas d'être un ennemi de la religion.

Les vrais disciples du Christ ont obtenu, obtiennent et obtiendront toujours nos respects inaltérables.

Qu'on se retourne, et, dans cette longue galerie consacrée aux illustrations contemporaines, on apercevra, sur le piédestal que nous lui avons dressé, la noble et sainte image du père Lacordaire.

Celui-ci, du moins, est un apôtre.

Il ne défend pas le christianisme avec l'injure, le scandale et la haine; il le défend par l'exemple, par la pratique des vertus, par l'humilité, par la charité, par la patience.

Il sait que la foi veut des martyrs, et repousse les séides.

Il n'approuve pas les énergumènes qui hurlent sur les marches du sanctuaire, se posent en forts de la halle, et montrent le poing d'un air féroce à ceux qu'ils devraient bénir.

Écoutez ce que le grand orateur dominicain pense de ces gens-là.

Nous empruntons à son dernier livre [1] la page suivante :

« On a beau lire les œuvres que Frédéric Ozanam nous a laissées, on a beau se rappeler ses actes et ses discours, on n'y découvre ni la colère qui se venge, ni l'amertume qui s'accroît en se répandant, ni le mépris qui brave, ni l'ironie qui se moque sous prétexte d'instruire et de corriger. Sans abaisser jamais l'Église devant le monde, il tient d'une main généreuse, parce que c'est la charité qui la guide, le sceptre tout-puissant de la vérité. Il plaint plus qu'il n'accuse, il pardonne plus qu'il

---

[1] *Frédéric Ozanam.*

ne condamne, et, toujours invincible sous le bouclier, il tempère dans son épée la force qu'il y sent, de peur d'achever la mort en quelque âme qui peut encore revivre. »

Louis Veuillot est condamné sans rémission par ces calmes et solennelles paroles.

Nous pouvons entamer sa biographie.

Dans une petite ville du Gâtinais, à Beaumont, si nos renseignements sont exacts, se maria, vers le commencement de ce siècle, un pauvre ouvrier tonnelier, natif de Bourgogne, et qui, depuis dix ans, courait les campagnes pour y exercer son état.

Celle qu'il choisit pour femme était aussi pauvre que lui.

Malgré son ardeur au travail, François Veuillot ne put fonder à Beaumont un établissement durable. La misère inflexible restait assise à son foyer.

« Un négociant, dit le héros de ce petit livre dans la préface de *Rome et Lorette*[1], frustra mon père du prix de plusieurs années de labeur. Ruiné de fond en comble par la perte de quelques centaines de francs, il quitta le pays sur les instances de ma mère, qui avait l'âme fière et hautaine, et partit avec elle, emmenant mon frère encore dans ses langes, et moi qui sortais du berceau, pour venir chercher de nouvelles ressources, mais surtout pour cacher sa misère au sein de Paris. »

[1] Cet ouvrage est l'histoire de la conversion de Louis Veuillot. Il y donne certains détails assez explicites sur son enfance.

Le rédacteur en chef de l'*Univers* est né en 1809.

Son enfance, comme celle de Proudhon, fut pleine de tristesse et d'angoisses; les pages qu'il consacre à nous la raconter trahissent une grande amertume.

« En nous épargnant tout ce qu'ils pouvaient nous sauver de leurs souffrances, continue-t-il, nos parents ne savaient que nous dire : « Habi-« tuez-vous à la peine, vous en aurez! » Et pas un mot de Dieu... Je le dis à la honte de mon temps, non à la leur, ils ne connaissaient pas Dieu. »

Le tonnelier et sa femme obtinrent d'abord une place de concierges.

Mais deux autres enfants [1], surcroît oné-

---

[1] Ils en eurent quatre : Louis et Eugène, nés dans le Gâtinais; puis deux filles, Annette et Louise, nées à Paris. L'une est mariée, la seconde est aujourd'hui gouvernante de ses frères.

reux de famille, ne tardèrent pas à redoubler la détresse du ménage.

François chercha du travail à Bercy, et madame Veuillot, suivant son époux hors barrière, parvint à établir une petite gargote aux environs de la rue actuellement appelée rue de Bourgogne.

Enfin la gêne cessa.

Quelque gaieté reparut avec les apparences d'un destin moins rude.

Tous les ouvriers du port de Bercy hantèrent la gargote de la *mère François*. Ils désignaient ainsi leur hôtesse, dont la soupe était excellente, et qui leur servait des morceaux de bœuf richement entrelardés.

Voyant ses affaires devenir meilleures, la mère François se métamorphosa tout à coup en une sorte de madame Grégoire.

Elle trinqua gaiement, au-dessus du comptoir de zinc, avec les mariniers de la Gare, comprit à merveille le mot pour rire, et ne s'offusqua point des grosses plaisanteries goudronnées de ces messieurs.

Au moment où nous écrivons, la bonne femme existe encore et porte ses soixante-cinq ans avec beaucoup de verdeur.

Son premier mari défunt, elle épousa l'un de ses garçons, nommé Pradier, qui mourut à son tour en 1840.

Lorsqu'elle eut amassé un boursicot raisonnable dans son débit de vin bleu, de viande et de bouillon, la mère François, voyant son fils travailler aux journaux catholiques, alla très-rondement à confesse.

— Eh! c'est le diable qui devient ermite! lui dit un de ses anciens hôtes, la rencontrant à la porte d'une église.

— Que veux-tu, mon vieux? il faut faire une fin! répondit la mère François.

Jamais Louis, à la maison paternelle, ne voulut consentir à être garçon servant [1]. Moins aguerri que sa mère aux propos des mariniers, il pleurait de rage quand ceux-ci l'appelaient *monsieur le marquis des Grélons,* sobriquet burlesque destiné à peindre les ravages de la petite vérole sur sa figure.

C'était un enfant plein de susceptibilité fougueuse et d'orgueil.

---

[1] Il n'en fut pas de même de son frère Eugène, qui porta longtemps le tablier et lava les assiettes. Quelques vieux ouvriers de la Gare le lui rappellent parfois, lorsqu'ils le rencontrent.

Il semblait avoir déjà le sentiment de sa force intellectuelle. On le voyait rester seul des journées entières, dans une chambre, en compagnie des livres qu'on lui prêtait.

De son propre aveu, ses lectures favorites, à cette époque, étaient les romans de Paul de Kock et de Lamothe-Langon.

L'école mutuelle lui apprit l'écriture et le calcul.

Jamais il n'alla s'asseoir sur les bancs d'un collége. Son éducation, il l'a faite lui-même, et, deux mois seulement après son entrée à l'*Univers*, il essaya de prendre une teinture des classiques.

Ces études ne communiquèrent, du reste, à son style aucune qualité nouvelle.

Doué d'une véritable organisation littéraire, et rompu aux grands prosateurs français, il avait déjà conquis cette langue nerveuse, cavalière, correcte et fine que nous admirons avec tout le monde, lorsque les grossièretés de l'injure ne viennent pas la souiller.

Le jour où Louis Veuillot quitta l'école mutuelle, on voulut lui apprendre l'état de tonnelier.

Il s'y refusa de la façon la plus énergique.

On le fit entrer alors comme septième clerc chez un huissier, où il passa la plus grande partie de sa jeunesse à griffonner sur timbre des assignations et des actes de saisie. Tous les instants qu'il pouvait dérober à cette besogne fastidieuse étaient employés à la lecture.

Rentré, le soir, au logis paternel, il

s'exerçait avec une ardeur extrême à de petites compositions littéraires, se privant de repos et veillant toutes les nuits jusqu'à deux ou trois heures du matin.

Fort embarrassé de ce garçon, qui ne palpait à son étude que de médiocres appointements, et pour lequel on ne pouvait songer à acquérir une charge d'huissier, M. Veuillot père alla demander conseil à Olivier Fulgence, personnage moitié commerçant, moitié littérateur, dont la famille avait plus d'une fois expérimenté le bon vouloir.

Celui-ci examina les premiers essais de plume du jeune homme.

— Eh mais, s'écria-t-il, voilà qui n'est point trop mal! Ces élucubrations annoncent de la verve; la phrase est incisive et mordante. Vous êtes né journaliste, mon ami.

— Journaliste!... croyez-vous? murmura Louis, dont ces paroles flattaient le rêve le plus cher.

— Oui, certes, je le crois, et je vais essayer de vous caser dans une rédaction quelconque.

— A Paris? demanda le jeune homme.

— Un instant! vous êtes trop ambitieux! Travaillons d'abord en province. Je suis correspondant de l'*Écho de la Seine-Inférieure*. Voulez-vous aller à Rouen?

— Très-volontiers.

— En ce cas, partez au plus vite.

Olivier Fulgence donne à notre héros

l'argent nécessaire au voyage, et Louis se dirige vers la vieille capitale de la Normandie.

Créé dans le but de tenir tête au *Journal de Rouen*, feuille aux tendances anarchiques, l'*Écho de la Seine-Inférieure* avait pour principaux actionnaires MM. Pià, Delaporte et Chiron. Voyant débarquer le jeune Veuillot, ces messieurs se dirent à l'oreille :

— Quelle tournure! Ce n'est pas un Parisien, c'est un sauvage!

Effectivement Louis avait une mine singulière, et sa toilette ne rachetait point l'absence des avantages extérieurs.

Jamais homme plus grêlé n'était apparu sur le sol rothomagien.

Vêtu d'une redingote portée sept ou huit ans par M. Veuillot père, et beaucoup trop longue pour sa taille, il prenait soin de la boutonner jusqu'au menton.

— C'est dommage qu'il ne puisse la boutonner plus haut! disaient les dames rouennaises.

Toutefois, comme il était impossible qu'Olivier Fulgence eût fait choix d'un rédacteur sans mérite, on chargea Louis de la chronique locale et des comptes rendus de théâtre.

Ceci se passait au commencement de 1831. Notre héros entrait dans sa vingt-deuxième année.

Ses débuts de journaliste furent heureux.

Il avait au-dessus de lui, comme chef d'emploi, un nommé Champin, d'un talent plus que médiocre et d'une stérilité désespérante.

Le nouveau venu rédigeait la plupart des articles que signait Champin. Bientôt la fraude fut découverte; et l'on renvoya le chef d'emploi pour cause d'incapacité notoire.

Malgré le talent de Louis Veuillot, les actionnaires ne voulurent point lui donner la place vacante; ils le trouvaient trop jeune, trop naïf et trop balourd.

On appela de Paris Olivier Fulgence, afin de lui confier la direction suprême du journal.

— Ah çà! mon cher, dit le protecteur

au protégé, que diable faites-vous de l'argent qu'on vous donne ici? Jetez bas cette affreuse redingote, et tâchez de vous dégourdir! C'est fort bien d'avoir du style: mais cela ne suffit point, il faut de la tenue.

Veuillot comprit qu'il avait tort de ne pas mieux soigner sa personne.

Un des premiers tailleurs de Rouen l'habilla de pied en cap, et le respectable vêtement paternel prit le chemin de la friperie.

— Très-bien! dit Olivier; mais ce n'est pas tout. Par ce temps de luttes politiques et d'émeutes incessantes, un vrai journaliste doit posséder à fond l'escrime et la savate.

— Qu'est-ce que la savate? demanda Louis très-étonné.

— C'est un exercice charmant, qui développe à la fois la vigueur des muscles et la grâce du geste. Quinze leçons de savate, vous ne serez plus reconnaissable.

Effectivement, à deux mois de là, Veuillot devenait le type du journaliste matamore. Il marchait dans les rues la tête haute, le regard menaçant, prêt à soutenir ses articles par l'épée ou par la boxe, au choix des amateurs.

Il y avait alors au Grand-Théâtre un baryton nommé Tilly [1], ex-pensionnaire de Feydeau, dont la femme débutait dans les jeunes premières, bien qu'elle fût hors d'âge pour cet emploi.

---

[1] Le même qui dirigeait, il y a quelques années, le théâtre de la Porte-Saint-Martin.

Notre journaliste la critiqua dans son compte rendu.

Ceci lui était parfaitement loisible; mais son article avait une forme si désobligeante, si âpre, si acerbe; il renvoyait la malheureuse actrice aux rôles de duègne avec si peu de ménagement, avec un style si brutal, que le mari vient aussitôt lui proposer un cartel.

On se bat au pistolet.

Les deux champions se comportent avec vaillance; mais la rencontre n'a point de résultat fâcheux.

Le protecteur de Louis Veuillot, admirant le courage du jeune homme, sa ferme contenance, ses crânes allures, et voyant qu'il ne manque plus rien à son éducation de journaliste, reprend le chemin de la capitale.

Notre héros reste seul à l'*Écho* sans mentor.

Ses adversaires au *Journal de Rouen* sont terribles; ils se nomment MM. Visinet et Degouves de Nuncques, deux libéraux enragés, deux républicains à tout rompre.

Mais Louis ne tremble pas.

Il tient bon, résiste à toutes les attaques, rend injures pour injures, grossièretés pour grossièretés, et dépasse même à cet égard les dernières limites du genre.

Un des rédacteurs de la feuille ennemie lui demande, un jour, une rétractation.

Louis refuse, et joint à sa réponse un mot fort énergique sans doute, mais impossible à reproduire; l'histoire elle-même n'a point osé le mettre dans la bouche de Cambronne, bien que celui-ci l'eût très-nettement prononcé à Waterloo.

Devines si tu peux, et sens-le si tu l'oses!

Visinet appela sur le terrain l'insolent journaliste, protestant qu'on se battrait jusqu'à mort d'homme.

Quatre balles furent échangées.

Le nouvel éditeur du mot de Cambronne en reçut deux qui trouèrent son habit neuf, sans effleurer sa peau, et les témoins s'opposèrent à la continuation du combat.

Dieu réservait M. Veuillot à d'autres injures et à d'autres destins.

Ses articles de théâtre, comme nous l'avous dit précédemment, avaient un ton de brutalité sans bornes. En cela consistait tout leur mérite. Louis n'excellait que dans la *Chronique locale*. Il professait un dédain suprême pour la menue monnaie littéraire, et ne descendait jamais au badinage des coulisses. Parfois, s'il accordait un éloge, on était sûr de le recevoir avec la délicatesse que l'ours de la Fontaine apportait à jeter son pavé.

M. Veuillot recherchait la littérature belliqueuse. Les romantiques avaient toutes ses prédilections; il se montrait hugolâtre à trente-six carats.

Bien plus, — ô curieux spécimen des variations humaines ! — Louis, à cette époque, adorait l'auteur du *Dieu des bonnes gens*.

Est-ce possible? s'écrieront les abonnés de l'*Univers*.

Mon Dieu, oui!

« Dans un article où M. Veuillot rendait compte du vaudeville qui a pour titre le *Tailleur et la Fée, ou les Chansons de Béranger*, nous écrit un de ses anciens collègues, il s'associa hautement aux hommages quasi païens que les auteurs de cette œuvre ont cru devoir rendre au chantre de *Lisette*. »

A cette époque, Louis Veuillot n'était pas chrétien.

Depuis, il a pu se convertir et changer entièrement d'avis; mais, tout en exprimant son opinion nouvelle, il y avait une réserve de bon goût, une modération évangélique, un style exempt d'offense que lui imposait son passé même, et dont chacun le blâme de s'être écarté.

Nous reviendrons là-dessus.

Bientôt l'*Écho de la Seine-Inférieure* passa sous la direction de M. Rivoire, et s'intitula *Écho de Rouen* [1]. M. Edmond Texier, aujourd'hui rédacteur du *Siècle*, fut chargé des articles politiques. On demanda toutes les semaines une chronique parisienne à Emmanuel Gonzalès, et Louis Veuillot conserva purement et simplement son ancienne position.

M. Rivoire craignait de se briser contre

---

[1] Depuis, il s'est appelé le *Mémorial*. Actuellement il existe encore sous le titre de *Nouvelliste*.

les écueils en confiant à ce pilote aventureux le gouvernail de sa barque.

Notre héros s'exerçait alors à composer de petites nouvelles qui sentaient un peu trop leur Crébillon fils.

A sa naïveté première succédait une magnifique assurance. Il devenait joli causeur, et même causeur graveleux, parlant des femmes d'une façon soldatesque, et jouissant largement de la vie.

Jamais il ne dépensait moins de dix francs à son dîner.

De temps à autre, après avoir eu soin de se mettre en avance pour les travaux de rédaction, M. Rivoire emmenait Veuillot à Paris, et l'on se gobergeait aux Frères-Provençaux avec Emmanuel Gonzalès et Texier.

Quand le champagne petillait au dessert, Veuillot se montrait conteur intarissable d'anecdotes galantes, qu'il assaisonnait de mots très-crus et de gestes passablement cyniques. Il passe pour être l'auteur de nombre de chansons fort lestes, qui se chantent encore aujourd'hui à huis clos dans le quartier latin.

Sans doute il s'est frappé la poitrine, sans doute le repentir est venu le laver de ses fautes.

Mais, au bout du compte, ce pauvre Béranger devait s'attendre à être houspillé moins rudement par un ancien collègue en gaudrioles.

Si nous étions méchant, nous imprimerions à la fin de ce volume un autographe de M. Veuillot que nous avons là sous les yeux... Miséricorde! quel autographe!... Nous nous bornerons à l'envoyer au pape, afin que le saint-père engage ce diable de Louis à se montrer un peu plus indulgent pour les pécheurs.

Olivier Fulgence, au commencement de 1833, rappela de Rouen son protégé.

M. Romieu, préfet de la Dordogne, demandait un jeune écrivain de talent pour rédiger à Périgueux le journal ministériel.

Veuillot courut exercer sa plume dans les régions méridionales.

Les Périgourdins, très-carlistes et fort mauvaises têtes, accablaient alors de plaisanteries saugrenues cet illustre maréchal

Bugeaud, qu'on avait honoré du commandement de la vingtième division militaire, une fois ses bons services devenus inutiles à la citadelle de Blaye.

Notre journaliste ministériel se prit à défendre avec chaleur le geôlier de la duchesse de Berry.

Grand scandale chez messieurs les carlistes.

On provoque Veuillot, qui soutient hardiment de l'épée le dire de sa plume, et se bat deux fois pour la noble cause du maréchal.

Celui-ci vient l'embrasser avec effusion dans les bureaux du *Mémorial de la Dordogne*. Il ne veut plus se séparer de son jeune défenseur, et, l'année suivante, il décide Louis à l'accompagner en Afrique [1].

Outre la défense de l'homme de Blaye et une foule de tartines orléanistes servies chaque jour dans le *Mémorial*, M. Veuillot émaillait cette feuille de certaines études de mœurs dont la lecture n'avait pas précisément pour but de former l'esprit et le cœur.

En voici un échantillon :

« PLAISIRS, RÉFLEXIONS ET PRESSENTIMENTS D'UN MARI AU BAL [2].

« On va me trouver ridicule; mais, prêt à écrire quelque chose qui ressemble à des *Mémoires*, je prends la résolution de ne reculer devant aucun aveu nécessaire. Je commence donc

---

[1] Nous devons à cela un livre de notre héros qui a pour titre : *Impressions de voyage en Algérie*.

[2] Tous les extraits qui vont suivre sont empruntés au *Mémorial de la Dordogne*, et ont été reproduits à Paris dans le *Cabinet de lecture* (29 mars 1835).

par en convenir : *marié depuis six mois, j'aime encore ma femme... Il y a comme cela des choses qui ne s'expliquent pas.* C'est que Clotilde est si jolie ! » etc., etc.

Le style est assez vulgaire; mais, en revanche, il est peu moral. Comme il nous est impossible de tout citer, nous analyserons.

Pour la première fois, les nouveaux mariés s'arrachent aux douceurs du tête-à-tête. Jusque-là modeste et candide, la jeune femme se trouve lancée dans le tourbillon d'un bal et ne fait plus attention le moins du monde à son mari.

Ce dernier trouve un de ses anciens camarades de classe qui lui adresse le discours suivant :

« — Te voilà donc époux, mon pauvre ami !

Tu n'as pas voulu de mes conseils, profite au moins de mon expérience. Ne mène pas souvent ta femme au bal. Dans le premier où je la conduisis, la mienne fit deux *sentiments*... Un mari, vois-tu, *c'est ennuyeux!*... Et puis *c'est permis*, et les filles d'Ève aiment le fruit défendu. Ne sois pas trop confiant; ne sois pas non plus importun, jaloux. Cela porte malheur.

« — Eh! bourreau! que voudrais-tu donc que je fusse alors?

« — Mon cher, je voudrais que *tu ne fusses rien*. Mais changeons de conversation. Je vois que tu n'es pas encore *rompu au métier*. Examinons un peu toutes ces figures : *il n'y a rien qui fasse passer le temps comme de médire du prochain*. Vois donc, là-bas, le beau Léandre Terson, comme il a l'air sentimental!

« Je regarde, et je reconnais un grand jeune homme qui dansait tout à l'heure avec Clotilde. Mon ami poursuit :

« — La présence de ta femme doit, en effet, le rendre mélancolique...

« — Pourquoi cela?

« — Tu ne sais donc pas qu'il a été passionnément amoureux d'elle? La veille de ton mariage, il parlait très-sérieusement de s'asphyxier. Je vois avec plaisir qu'il n'en a rien fait.

« — Mauvais plaisant !

« — Je ne plaisante pas. Ce jeune homme est extrêmement passionné; mais il est tout à fait sans fortune, ce qui l'empêchera longtemps de réussir auprès de nos candides demoiselles, qui *veulent des cachemires et des diamants*. Auprès des *femmes mariées*, je ne dis pas... Je crois bien que la mienne... » etc.

Que pensez-vous de cet édifiant dialogue?

Les deux amis poursuivent sur ce ton, et, tout en causant, l'époux examine son épouse. Madame continue de danser avec M. Léandre, madame valse avec M. Léandre; madame se serre un peu trop contre M. Léandre, madame sourit à M. Léandre, madame est toute rouge et tout enflammée.

Son mari s'approche et veut l'emmener du bal : madame regarde M. Léandre et fait la moue.

« — Déjà ! » s'écrie-t-elle.

Certes, parmi les romans qui se lisent de nos jours, il est difficile de trouver un tableau plus périlleux pour les mœurs.

Et l'auteur nous annonce tout d'abord qu'il écrit des *Mémoires !* Il n'y a pas de quoi le féliciter [1].

---

[1] M. Veuillot, nous ne savons plus où, affirme qu'il a fait un *mariage pauvre.* Nous acceptons l'assertion comme véridique, si sa belle-mère a eu vingt demoiselles à marier et vingt dots à fournir, car elle possédait parfaitement quatre maisons sur le pavé de Paris. La femme du rédacteur en chef de l'*Univers* est morte. Il fut éprouvé, l'année dernière, de la façon la plus cruelle par la perte successive de trois de ses filles (il en eut six, et point de garçons), qu'une angine lui enleva, dans l'espace d'un mois, juste au

Comment! sous les yeux de la foule, sous les yeux de son mari, en une heure et à son premier début dans le monde, une jeune épouse se livre sans ménagement, sans hésitation, sans vergogne, à la convoitise d'un ancien amoureux, qu'elle n'a point accueilli jadis parce qu'il était pauvre, et dont elle encourage les témérités aujourd'hui qu'elle possède *diamants et cachemires?*....

O monsieur Veuillot!

Bien certainement celle dont vous parlez fut la plus perverse des femmes et la plus coupable. Le spectacle de sa conduite est un enseignement funeste.

---

moment où il venait de dire au roi de Sardaigne, affligé lui aussi de la perte de ses enfants, que Dieu le frappait en punition de ses crimes contre l'Église.

Mais nous vous laissons poursuivre.

« Clotilde a deviné ma mauvaise humeur. Elle obéit à regret, prend son boa et s'en entoure. Je vois dans son regard qu'elle proteste intérieurement contre ma tyrannie. Comme pour me faire enrager jusqu'à la fin, l'orchestre vient se jeter à travers ma volonté. A son signal, les danseurs accourent. Celui de ma femme est encore M. Terson; j'en étais sûr!

« — Quoi! vous partez, madame?

« — On m'emmène, répond naïvement Clotilde.

« — Ah! monsieur, me dit le danseur, c'est de la barbarie!

« Clotilde me jette un regard presque suppliant. Sans plus de façon, M. Terson lui ôte son boa. Je m'assieds découragé. Déjà Clotilde, qui me faisait la moue tout à l'heure, cause, danse, rit aux éclats... Mon ami avait raison. »

Enfin, les époux rentrent chez eux. Madame se jette dans un fauteuil, pâle, fripée, décoiffée, maussade; elle se couche et s'endort.

« Le lendemain, Clotilde se lève tard. Je sors. En rentrant, je la trouve à son piano.

« — Mon ami, me dit-elle, écoute donc comme cette valse est jolie; moi qui, ordinairement, ne puis rien jouer sans cahier, je me la rappelle.

« Et Clotilde me joue la valse d'hier. Pendant cela, je la regarde; elle est jaune, ses yeux sont ternis; je la trouve presque laide.

« — Cette valse m'ennuie! criai-je avec une espèce de fureur : tais-toi!

« Elle me regarde étonnée, et s'arrête sans dire un seul mot. Un moment après, elle se met à la fenêtre et y reste assez longtemps. Je la vois s'incliner; je lui demande qui elle salue.

« — Personne, répond-elle en rougissant.

« Je regarde à mon tour, et ne vois dans la rue qu'un seul homme... M. Terson. »

N'en demandez pas davantage.

Puisque M. Veuillot s'est converti, nous

n'insisterons point sur l'immoralité flagrante de ses premières œuvres.

Qu'il s'efforce, par des représentations douces, polies, charitables, d'amener à résipiscence les écrivains qui ont eu, comme lui, le malheur de pervertir les âmes, et qu'il cesse, au nom du ciel, de les accabler d'outrages!

Nous ne reproduirons pas une autre étude de mœurs, aussi détestable sous le rapport de la conception, et mille fois plus indécente sous celui de la forme.

Louis Veuillot l'intitule : *Histoire de deux amants et d'un apothicaire* [1].

En vérité, nous rougirions de lui donner place dans ce volume.

[1] *Extrait du Mémorial de la Dordogne*, reproduit par le *Cabinet de lecture* (14 avril 1833).

Vers 1836, notre écrivain, chaudement appuyé par M. Bugeaud, quitte l'Algérie et vient faire aux ministres ses offres de service. On le nomme rédacteur de la *Charte de 1830*, feuille entièrement dévouée aux intérêts du château.

Mais ce journal cesse de vivre.

Alors Louis Veuillot forme alliance avec M. Toussenel, publiciste honnête, devenu, depuis, phalanstérien et démagogue, mais qui, en 1836, affichait de grandes opinions de conservateur, et mangeait à pleine râtelée aux fonds secrets [1].

---

[1] Le gouvernement eut le malheur de lui refuser une pension plus forte, et s'en fit un irréconciliable antagoniste. Aussi passionné que médiocre dans les thèses politiques, M. Toussenel est, d'ailleurs, un homme de lettres peu fécond. Pour tout bagage littéraire, il ne montre et ne montrera jamais que l'*Esprit des bêtes*.

Notre héros accepte de moitié avec ce galant homme le titre de corédacteur en chef de la *Paix*.

Bientôt, néanmoins, ils se chamaillent. Toussenel et Louis se trouvent en complet désaccord de doctrines.

Il faut rendre justice à M. Veuillot, et convenir qu'au milieu même de ses égarements de jeunesse il ne chercha pas à pactiser indéfiniment avec la corruption.

Lui-même nous donne l'histoire de ses luttes et de ses dégoûts.

« Mécontent et sombre au fond de toutes les ivresses, dit-il, rongé de soucis dans le sein de l'abondance, tantôt je voulais à tout prix agrandir ma fortune, tantôt je regrettais amèrement ma misère passée. J'étais honteux des brèches faites à ma conscience, j'étais las des débris d'honnêteté qui me restaient. Je n'avais plus du tout de foi politique. Une année de polémique avait brisé, broyé, pulvérisé des convictions qui ne reposaient sur aucune base stable dans le passé, que je ne voyais aboutir à rien dans l'avenir. Sous l'action continuelle des railleries et des mauvais exemples, le vernis de frêle morale qui les enveloppait s'était dissous... — Et je ne me donnais pas deux mois pour n'être plus qu'un de ces condottieri de la plume qui passent alternativement d'un camp dans l'autre [1]; pour vendre moins encore leur bravoure que leur inactivité... Certes, Dieu m'a sauvé, et m'a bien sauvé! Il m'a pris au fond de l'abîme et m'a emporté dans ses bras. Je ne pouvais plus me sauver moi-même. »

Ces lignes ont le cachet d'une franchise entière.

Bien certainement nous n'accuserons pas

[1] M. Veuillot en était même venu là. Nous savons de bonne source qu'il travailla quelque temps au Figaro avec Alphonse Karr, Edmond Texier et de la Bédollière. Aussi, dans ses plus vives attaques contre le Siècle, ménage-t-il beaucoup ces deux derniers, dont il redoute les indiscrétions.

notre héros de jouer le rôle d'hypocrite.

Nous le voyons partir avec Olivier Fulgence et se diriger du côté de Rome, où ils arrivent, au mois de mars 1838, juste pour être témoins des pompes de la semaine sainte.

Frappé de la grandeur du christianisme, Louis s'incline devant la croix, pleure ses fautes, et rentre à Paris catholique fervent.

Rien de mieux jusque-là.

Louis Veuillot n'a eu qu'un tort, celui de s'être cru indispensable à la défense de la religion, et d'avoir pris en main cette défense beaucoup trop vite, sans dépouiller complétement le vieil homme, sans se retremper, comme Lacordaire, dans le silence et la retraite, afin d'y puiser la résignation, l'amour du prochain, les vertus évangéliques et la science de discuter. sans haine.

C'est un religieux qui adore Dieu en grinçant les dents.

Le hasard a voulu que nous fussions appelé à rendre visite au nouveau converti peu de temps après son retour de Rome.

Voici à quel propos et dans quelle circonstance.

Nous avions été passer quelques semaines à Brie-Comte-Robert, chez un ancien camarade de classe [1], devenu chef d'institution, et dont la femme dirigeait elle-même un pensionnat de jeunes filles.

Le jour de notre départ, deux petites pen-

---

[1] M. Croisier.

sionnaires, s'approchant de nous, et tenant chacune à la main une lettre qu'elles venaient d'écrire, nous prièrent d'aller donner nous-même de leurs nouvelles à leur frère aîné, qui habitait Paris.

C'étaient Annette et Louise Veuillot.

— Dites-lui bien que nous sommes heureuses, et qu'il vienne nous voir le plus tôt possible, nous recommandèrent-elles avec instance.

Le lendemain, nous avions l'honneur de saluer pour la première fois M. Louis Veuillot, qui nous parla très-peu de ses sœurs et beaucoup de sa conversion.

Il étala sous nos yeux le luxe de son repentir, nous apprit qu'il s'était confessé à Rome, qu'il avait baisé la mule du pape, qu'il ne savait au monde qu'une chose respectable, la foi chrétienne (nous le savions avant lui); que sa résolution était prise, et que tout le talent dont l'avait gratifié le ciel serait consacré dorénavant à d'inflexibles et perpétuelles attaques contre les ennemis de la religion.

Nous nous hasardâmes à lui dire :

— Pensez-vous, monsieur, que le style persuasif et la douceur n'arriveraient pas à un résultat plus certain?

— Jamais! s'écria-t-il, jamais! Ces gens-là, je vous l'affirme, ont autour du cœur une triple cuirasse de bronze. Il faut employer avec eux la hache et la massue. D'ailleurs, ils ont failli m'entraîner dans leur phalange impure. Je les abomine, je les exècre!.

Chacun aurait dit comme nous en quittant cet homme :

— Voilà un singulier chrétien !

M. Veuillot n'était alors que fort peu connu. Il sentit le besoin de donner un échantillon de son mérite littéraire avant d'entamer la polémique fougueuse qu'il annonçait.

Toutes ses économies ayant été absorbées par le voyage de Rome, le maréchal Bugeaud le fit admettre à l'Esprit public [1] avec une place de six mille francs, qui lui permit d'écrire et de faire imprimer ses deux premiers volumes.

Cet ouvrage de M. Veuillot a pour titre les *Pèlerinages suisses*.

[1] Administration qui dépendait tout à la fois du ministère de l'intérieur et de la préfecture de police.

On y remarque, sous le cachet des saints principes, des nuances mondaines beaucoup trop vives, et qui laissent voir chez le zélé néophyte un vieux levain de corruption mal étouffé.

Son livre paru, M. Veuillot renonce à ses appointements à l'Esprit public, entre au journal l'*Univers*, prend la cuirasse, et se pose fièrement, le pot en tête et la lance au poing, pour batailler contre un siècle impie.

Le Christ, son maître et son Dieu, prêche la paix et la douceur : qu'importe? le Christ a tort.

Vive la guerre et vive la rage !

M. Veuillot frappe, entame, blesse, déchire. On se plaint, tant mieux ! on crie, c'est bon signe ! la blessure saigne, bravo !

Pensez-vous, mécréants! que j'y mette de l'indulgence et des formes? allons donc! pour qui me prenez-vous?

Et la guerre provoque la guerre, et la rage appelle la rage.

Depuis quinze ans bientôt, ce scandale dure. L'ennemi rend coup pour coup, honte pour honte, opprobre pour opprobre.

Lisez plutôt :

Alors ce va-nu-pieds songea dans sa mansarde,
Et, se voyant sans cœur, sans style, sans esprit,
Imagina de mettre une feuille poissarde
    Au service de Jésus-Christ.

Il prospère, il insulte, il prêche, il fait la roue;
S'il n'était pas saint homme, il eût été sapeur;
Comme s'il s'y lavait, il piaffe en pleine boue,
Et, voyant qu'on se sauve, il dit : Comme ils ont peur[1]!

[1] Il y a vingt strophes plus ignominieuses, que nous ne citerons pas, et dont Victor Hugo de sang-froid rougirait lui-même.

C'est horrible, n'est-ce pas? Mais qui donc a cherché la lutte et suscité les colères? Aviez-vous besoin de faire du temple une arène et de vous battre comme un portefaix devant l'autel?

Eh! direz-vous, on m'attaque parce que je suis l'ami de la religion...

Vous mentez!

On vous attaque parce que vous êtes agressif et pourfendeur, on vous outrage parce que vous outragez, on vous lance du fiel parce que vous en couvrez les autres.

Ouvrez les journaux les plus impies, les pamphlets les plus irréligieux, et dites si jamais l'on imprima sur le père Lacordaire, sur l'abbé de Ravignan, sur monseigneur Dupanloup, — de véritables chrétiens, monsieur ! — une diatribe de la nature de celle qui va suivre.

Lisez encore :

« A côté de M. Granier de Cassagnac se place naturellement un journaliste qui, par la violence de son talent, très-remarquable d'ailleurs, a fait parler de lui sous le dernier règne, et qui continue d'occuper nos loisirs par les plus bouffons intermèdes. M. Veuillot est d'une laideur repoussante. Je n'estime pas ce caractère politique, mais j'avoue qu'il amuse par ses méchancetés, sa lubricité, sa vinosité, le tout mêlé de piété. C'est quelquefois à mourir de rire. Quand il ne dégoûte pas, je confesse qu'il égaye. Il a un style de complexion sanguine qui donne à sa phrase une animation singulière. Mais cette phrase ne saurait se tenir, et fait à chaque instant des pétarades horrifiques et épouvantables. Ce style pue le cabaret et la sacristie.... Il y a du chantre et du paillasse en lui : il est ivre, rouge et à grosse voix comme le chantre; il a retenu du paillasse les mots choisis du *boniment*. C'est un miracle que ce truand soit méchant; je l'aurais cru goinfre, paillard, fort en gueule, mais point méchant. Je le croyais capable d'être ramassé par le guet, de se battre à coups de poing dans les foires, de tirer le briquet au régiment, de mettre sens dessus dessous la maison de madame de Saint-Phar et de ses nièces, d'être au besoin pendu comme François Villon, mais point méchant. Il l'est pourtant; les nécessités de l'hypocrisie ont aigri son heureux caractère. Il faut avouer que l'Église a choisi là un singulier défenseur[1] ! »

Ah! vous l'avez voulu, monsieur!

Si nous blâmons vos injures, nous n'approuvons pas davantage celles qu'on vous adresse, car elles viennent des camps ennemis.

Le plus grand malheur de votre système, voulez-vous le connaître? c'est de

---

[1] Hippolyte Castille, les *Hommes et les Mœurs*, page 154.

faire rejaillir en plein sur le christianisme la haine qu'on vous porte ; c'est d'exciter d'abominables représailles, dont vous rendrez un compte rigoureux au jour de la dernière justice.

En défendant ainsi la religion, vous lui faites beaucoup plus de mal que ne lui en a jamais fait M. de Voltaire.

Si vous le désirez, nous vous le prouverons par des arguments sans réplique.

On nous apporte une liste des aménités charmantes distribuées par Louis Veuillot à ses contemporains irréligieux. Nous la contrôlons dans ses œuvres, car véritablement c'est à n'y pas croire. Il les appelle *Brute,* — *Pataud,* — *Brindavoine,* — *Gobinet,* — *Greluche,* — *Poussart,* —

Piedbot, — *Navet-Cacombo,* — *Rousset,* — *Patu,* — *Diafoirus,* — *Galupet,* — *Limousin,* — *Fripon,* — *Vermine,* — *Eunuque,* — *Coquin,* — *Portier,* — *Loutre,* — *Celleri,* — *Canaille,* — *Babouin,* — *Cocher de fiacre,* — *Épicier,* — *Gredin,* — *Cuistre,* — *Drôle,* — et *Goujat.*

Qu'en dites-vous ? les épithètes vous semblent-elles assez aimables ?

Nous en passons, et des meilleures.

Voici une apostrophe du rédacteur en chef de l'*Univers* adressée à un journaliste :

« Je connais ta force, et je ne la conteste pas. Tu parles tous les jours à cent mille idiots qui n'entendent que ta voix, et qui n'en veulent écouter aucune autre... — Donc, tu peux m'écraser, imbécile! Mais tu m'écrases avec tes pieds, avec tes mugissements, avec ta masse immonde, et non avec ton esprit; tu m'écrases comme le bœuf en fureur écrase parfois le pâtre qu'il rencontre seul et désarmé. Triomphe et sois vainqueur, ô bœuf! Tu pèses un millier, et tu portes au front deux cornes. Seulement écoute ceci : Tu m'écraseras; mais je suis un homme, et j'aurai dit quelques paroles que tes beuglements n'empêcheront pas d'arriver à l'oreille de ceux qui sont hommes comme moi. Ces paroles leur apprendront à te ramener à l'étable et au labour [1]. »

Notez que tout ceci peut être juste au

---

[1] Les *Libres Penseurs*, édition Jacques Lecoffre et comp., page 79. Ce livre de M. Louis Veuillot est rédigé d'un bout à l'autre dans ce style. Outre ceux de ses ouvrages que nous avons cités jusqu'alors, il faut mentionner l'*Esclave Vendex*, — et le *Lendemain de la victoire*, deux pamphlets politiques remarquables, — l'*Honnête femme* (roman), — *Pierre Saintive* (roman), — *Petite philosophie*, — *Corbin et d'Aubecourt*, — *Prêtre et Soldat*, — le *Droit du Seigneur*, en réponse à l'œuvre de ce malheureux Dupin, qu'il traite de BAID'OISON, etc., etc.

fond; nous ne voulons point en disconvenir. Mais quelle forme! quelle gentillesse de langage! quel style chrétien!

M. Veuillot n'est pas seul à débiter dans l'*Univers* toutes ces belles choses. A côté de lui se distinguent le jeune Coquille, Léon Aubineau, Gourdon, Du Lac, et surtout Eugène Veuillot, son frère.

Eugène Veuillot mérite une mention spéciale.

Arraché aux indignes fonctions qu'il remplissait dans la gargote de la mère François, et plus heureux que Louis, il entra au collége, vers l'âge de treize ans, et fit d'assez bonnes études.

Comme Louis, il alla demander à Rome les bénédictions du saint-siége; comme Louis, il débuta crânement dans le jour-

nalisme de province; comme Louis, il
broutâ le budget ministériel; comme Louis,
il entra pour batailler à l'*Univers*, et,
comme Louis, il y fait présentement le
coup de poing de la façon la plus brillante.

Ah! mais... nous avons reçu aussi des
leçons de boxe!

Eugène Veuillot a écrit, en ultramontain
violent, une *Histoire des guerres de la
Vendée et de la Bretagne*.

Pendant la querelle du Sunderbund, il
fut choisi pour aller porter aux catholiques
suisses une somme de cent mille livres,
produit de la souscription organisée par
l'*Univers*.

Chargé tout récemment d'une autre
mission, il se rendit dans les États sardes,
afin d'y offrir une croix pastorale, d'une

richesse extrême, à l'archevêque de Turin, en récompense de l'énergie avec laquelle ce prélat avait défendu les biens de l'Église et fulminé contre un gouvernement assez fou pour prendre à la lettre les préceptes de pauvreté évangélique, en défendant aux moines d'être les plus riches de ses sujets.

M. Veuillot frère a toutes les qualités de style de son aîné, oui vraiment! Il frappe d'estoc et de taille; il sabre, il espadonne, il blesse.

Deux lansquenets ivres n'auraient pas plus d'ardeur au combat que ces deux hommes. Le *Siècle* affirme qu'ils ont l'air d'avoir bu tous les canons de l'Église, et malheureusement, à part l'impiété du calembour, le *Siècle* n'a pas tort.

Sous la dynastie de Juillet, M. Veuillot se montra, dans son journal, orléaniste intrépide.

L'*Univers* et les *Débats* passaient pour être honorés de toutes les confidences et de toutes les sympathies du château. Plusieurs grandes dames, fort dévotes et fort riches, soutinrent longtemps la feuille religieuse. Elles ne lui donnaient pas moins de soixante mille francs de subvention annuelle.

Jusqu'à la Révolution de 1848, M. Veuillot n'eut qu'une notoriété restreinte.

Cependant il avait soutenu, pendant l'année qui suivit son entrée à l'*Univers*, une polémique extrêmement vive au sujet de la liberté d'enseignement.

M. de Montalembert appuyait alors Louis

Veuillot et défendait les mêmes doctrines à la tribune du Luxembourg.

Il y eut entre le noble pair et le journaliste quelques rapports, presque aussitôt rompus qu'établis.

Ces deux hommes étaient de nature trop dissemblable pour rester d'accord, tout en ayant la même cause à défendre. On remarque chez l'un des formes de style polies, délicates et pleines de convenance, tandis que chez l'autre la phrase, éternellement grossière, intempérante et brutale, déshonore la logique la plus franche et nuit aux raisons les plus solides.

M. de Montalembert alla jusqu'à se demander si Louis Veuillot était véritablement chrétien. Chacun a pu lire dans les journaux une lettre où il soupçonne la bonne foi de l'irascible polémiste.

Et que d'esprits religieux, que de bons catholiques ont les mêmes doutes !

L'Univers, depuis Février, donne-t-il assez de scandales ?

Nous défendons à qui que ce soit de relire aujourd'hui les articles de la feuille prétendue chrétienne sans éprouver un sentiment d'indignation mêlé de dégoût. Jugez-en vous-même.

Dans les rues de Paris gronde l'émeute.

Les d'Orléans tombent, et Louis Veuillot, l'ami du château, Louis Veuillot, dont le journal était soutenu par les fonds de la branche cadette, écrase, le premier, l'orléanisme.

« Dieu parle, s'écrie-t-il, par la voix des événements. La Révolution de 1848 est une notification de la Providence. La monarchie succombe sous le poids de ses fautes; elle n'a plus aujourd'hui de partisans. Jamais trône n'a croulé d'une façon plus humiliante. Que la République française mette l'Église en possession de la *liberté*, il n'y aura pas de meilleurs républicains que les catholiques français [1]. »

Voilà donc M. Veuillot partisan de la démocratie.

Comme le grand Émile, nous l'entendons crier de toute la force de ses poumons : « Confiance ! confiance ! »

Le 3 mars, il fait expulser de l'*Univers* M. de Coux, dont la politique est loin d'être aussi rubiconde que la sienne. Il reste seul à diriger le journal, et continue

---

[1] *Univers*, 26 février.

de piétiner sur son ami Louis-Philippe à terre.

« Un prince habile, un trône bien armé, une classe puissante rangée autour du pouvoir, et qui avait mis dix-huit ans à le fortifier, sont tombés, suivant la menace de l'Écriture, *comme un vase d'argile sous une massue de fer.* Le monde a reconnu tout de suite quelle main frappait. Tous se sont courbés, tant la Providence se manifestait terrible, juste et logique [1]. »

Ni Ledru-Rollin, ni Louis Blanc, ni Blanqui, ni Barbès, ni les autres ultra-démocrates du jour n'applaudissent alors plus énergiquement que M. Veuillot aux insurrections qui éclatent en Europe.

Il prend en main le brandon révolutionnaire, le secoue et l'attise pour accroître l'incendie.

—[1] *Univers*, 15 mars 1848.

« Une révolte à Vienne! M. de Metternich renversé! Personne ne sait en France si, à l'heure où nous écrivons, l'empereur est encore sur le trône. Ce que tout le monde sait bien, c'est qu'il n'y est pas pour longtemps. La Lombardie est libre, la Bohême est indépendante, la Gallicie s'échappe des entrailles du monstre qui l'avait mutilée avant de l'engloutir : gage certain d'une résurrection plus entière et plus prochaine. Tous ces gouvernements tomberont moins encore par la force du choc que sous le poids de leur indignité. La monarchie meurt de gangrène sénile. Elle attend à peine qu'on lui dise : Nous ne voulons plus de toi, va-t'en! Le coup n'est plus nécessaire, le geste suffit[1]. »

O républicain farouche!

---

[1] *Univers*, 21 mars 1848. Six mois après, le 13 octobre, M. Veuillot, qui avait cessé complétement d'être républicain, annonçait en ces termes une autre révolte allemande : « De *graves* et *douloureuses* nouvelles arrivent aujourd'hui de Vienne. La capitale de l'Autriche est en pleine insurrection, et l'empereur a pris la fuite. » En écrivant ces lignes, le rédacteur en chef de l'*Univers* dut essuyer une larme.

Qui pouvait s'attendre à voir ces pauvres rois sanglés de cette façon par M. Veuillot?

Mais rassurez-vous. Chez notre journaliste, tout ceci n'est pas de la conviction, c'est de la peur.

En caressant la République, il étudie ses allures. Il tient à voir si elle est bonne fille et si, par hasard, elle n'aurait point fantaisie d'essayer le couperet de 93.

Rassuré complétement à cet égard, et voyant quels tristes rameurs conduisent la barque démocratique, M. Veuillot se décide à la faire chavirer.

Le 28 mars, il commence à dire que la confiance se perd.

Le 30, il fait amende honorable à l'ancien régime, et regrette ce bon temps *où l'on corrompait les élections;* mais où du moins *on ne prétendait pas agir au nom de la liberté.*

Plus l'édifice menace ruine, plus M. Veuillot en attaque les murs croulants à coups de pioche.

Ceci nous eût paru très-honnête s'il n'avait pas contribué à le bâtir, et si nous ne l'avions pas surpris tout d'abord à serrer fraternellement la main des architectes.

Derrière le fantôme rouge qui s'en va, notre homme croit tout à coup voir poindre le panache blanc de Henri V.

Aussitôt il chante le droit divin à gorge déployée.

Mais Henri V ne vient point; on commence même à croire que d'insurmontables obstacles se dressent pour lui sur le chemin du trône. Au milieu du ciel politique, et en plein azur, brille une étoile ; mais cette étoile n'est pas la sienne.

L'astronome intelligent de l'*Univers* porte ses regards vers l'astre radieux qui n'a point eu jusque-là ses adorations. Il se prosterne, et déclare que le *bonapartisme est le flambeau civilisateur.*

Huit jours auparavant, il écrivait :

« Le césarisme ou le socialisme, deux formes également hideuses de l'anarchie, peuvent surgir comme par explosion de la fermentation à laquelle les esprits sont livrés [1]. »

Mais il arrive tous les jours à un homme

[1] *Univers* 25 novembre 1851.

consciencieux de reconnaître son erreur et d'avouer ses torts.

Il est inutile de nous étendre plus au long sur les variations politiques de notre héros. D'ailleurs, un journaliste a bien des excuses à présenter quand il travaille pour la plus grande gloire de Dieu.

Louis Veuillot semble être perpétuellement à la recherche de tout ce qui fomente les querelles [1], de tout ce qui fait naître les luttes, de tout ce qui provoque au combat.

---

[1] Au moment même où nous mettons sous presse, il ouvre une polémique avec quatre journaux à la fois : le *Siècle*, la *Presse*, les *Débats* et la *Gazette de France*. On nous apporte un article où M. de Lourdoueix dit avec raison « que Veuillot est une corde passée au cou du catholicisme. »

C'est un Amadis que l'on trouve éternellement à cheval, et qui veut assommer des géants imaginaires.

On sait avec quel à-propos plein de charme il prit de nos jours, en face du dix-neuvième siècle, la défense de l'inquisition. M. Veuillot se figura qu'il méritait bien du ciel en réhabilitant l'auto-da-fé, les tortures et le san-bénito.

Il est certain que le souvenir du saint-office et son apologie dans les colonnes de l'*Univers* ont dû gagner définitivement à la foi bien des âmes indécises.

Faut-il rappeler ici le fameux livre de l'abbé Gaume, réclamant au nom de la morale chrétienne l'expulsion définitive des classiques par l'Université?

Chacun se mit à rire, excepté M. Veuillot.

Il jugea convenable de prendre parti pour l'abbé Gaume et de tomber sur ce malheureux paganisme, mort depuis dix-huit siècles; il prouva que la jeunesse française est profondément corrompue, grâce aux livres grecs et latins qu'on lui donne à traduire dans les colléges.

N'ayant jamais fait ses humanités, lui Veuillot, et n'ayant eu aucun rapport dans son jeune âge avec Homère et Virgile, bien certainement il doit à cela d'être devenu saint homme, ce qui ne fût point arrivé sans doute, si les impuretés mythologiques lui eussent gâté le cœur.

Tout cela n'était que grotesque, et pouvait même devenir fort amusant.

Par malheur, notre homme trouva moyen de changer la comédie en drame. Insultée par lui jusqu'à la bride, l'Université poussa des cris d'aigle. Les évêques de France intervinrent dans le débat, prenant parti pour Homère et Virgile, et n'approuvant point les attaques furieuses de l'*Univers* contre ces grands génies de l'antiquité.

M. Veuillot donna de la férule aux évêques et poursuivit sa thèse avec tant de rage, que l'archevêque de Paris fut contraint de le museler et de couper court, par un mandement vigoureux [1], à ses articles frénétiques.

[1] Le 24 août 1850, une première admonestation lui avait été faite par le prélat, au sujet d'une querelle relative au *Dictionnaire de Bouillet*, querelle violente que M. Louis Veuillot envenimait à plaisir.

Louis courba le front et jugea convenable de se soumettre, par obéissance chrétienne, disent les uns ; — par crainte de perdre ses abonnés, disent les autres.

Selon nous, ce fut un motif tout différent qui lui dicta la soumission.

Dans cette affaire, il n'était pas très-assuré de l'appui de Rome. La prudence voulait qu'il attendît une occasion meilleure pour humilier l'archevêque et le punir de son abus de pouvoir.

Bientôt il soulève un autre point de controverse, jette le gant à l'*Ami de la Religion* [1], enfourche de nouveau sa mon-

---

[1] Ce journal soutenait l'abbé Gaduel, vicaire général d'Orléans, avec lequel M. Veuillot se trouvait en discussion théologique très-vive.

ture belliqueuse, et donne le signal d'un combat plus terrible.

Cette fois, il semble marcher sur la grande route orthodoxe, et le nonce du pape le soutient.

Mais l'archevêque veut en finir avec ces luttes déplorables. Il lance contre l'*Univers* la foudre de l'interdit. Trente-deux évêques de France imitent M. Sibour et fulminent contre le don Quichotte religieux avec le plus magnifique ensemble [1].

---

[1] Voici quelques extraits de l'ordonnance de monseigneur Sibour :

« ..... Attendu que les rédacteurs de l'*Univers*, en reconnaissant que le blâme prononcé contre eux était *un acte plein et parfait de cette puissance épiscopale à laquelle les catholiques doivent respect et soumission*, se sont formellement engagés à *ne point oublier nos avertissements*...

« Vu les nombreux articles par lesquels, depuis le 5 octobre 1850, les rédacteurs de l'*Univers* se sont de

Vous croyez notre homme vaincu; point du tout!

nouveau immiscés dans des questions placées hors de leur compétence pour les traiter avec les violences de langage les plus blâmables...

« Considérant que, malgré nos avertissements et sa promesse formelle, l'*Univers* a scandaleusement méconnu les règles de la controverse religieuse, de la charité chrétienne et même de la simple honnêteté; qu'au lieu de discuter avec mesure et modération pour établir ses opinions et ses doctrines, il a eu recours aux facéties, au persiflage le plus insultant pour déconsidérer les personnes; qu'il a calomnié des prêtres et des évêques français...

« Notre conseil entendu,

« Nous avons arrêté et arrêtons:

« Art. 1er. Nous renouvelons l'avertissement que nous avons donné à l'*Univers* et le blâme que nous lui avons infligé le 24 août 1850.

« Art. 2. Nous défendons à tous les ecclésiastiques et à toutes les communautés religieuses de notre diocèse de lire le journal l'*Univers*, etc., etc.

« Donné à Paris, en notre palais épiscopal, le 17 février 1853.

« MARIE-DOMINIQUE-AUGUSTE,
« *Archevêque de Paris.* »

Il affronte intrépidement la mitraille diocésaine, fait la nique aux prélats, continue ses articles, devient un promoteur de discordes et menace l'Église d'un schisme.

On l'appelle à Rome. Il court se prosterner devant le saint-père et plaide sa cause avec éloquence.

Pie IX, sans le condamner au fond, lui donne tort absolument dans la forme.

M. Veuillot accepte la sentence pontificale et revient à Paris.

Se repent-il? Non, certes. A partir de ce jour, il aura soin de se battre en dehors de l'Église; mais il faut qu'il se batte quand même et sans cesse.

Qui lirait l'*Univers*, bon Dieu ! si ce journal était purement et simplement chrétien ? Quelques saintes âmes, voilà tout.

C'est triste à dire, mais il est à peu près démontré que le rédacteur en chef de la feuille pieuse écrit au point de vue de l'abonnement tous ces articles hargneux qui affligent les hommes sincèrement évangéliques. Il est aux anges quand il soulève contre lui, dans la presse, un *tolle* général : il se frotte les mains, il jubile.

Ses renouvellements sont bons, et la caisse se gonfle.

On tient à voir comment Louis Veuillot, ce chrétien de premier choix, cet homme chaste, rend compte d'une pièce du Vaudeville, par exemple, intitulée les *Vins de France.*

La façon leste et saugrenue dont il parle de ces dames offre chez lui beaucoup plus de ragoût que chez un autre, et l'on s'émerveille de voir le saint homme si rabelaisien dans ses attaques, si largement informé de tout ce qu'il ne devrait pas connaître.

On est curieux d'apprendre comment il juge les célébrités mortes et les célébrités vivantes.

Henri IV, le roi cher au peuple, le roi chevaleresque, est traité de POURCEAU par certain article de l'*Univers*. M. Veuillot nous affirme, dans son style pittoresque et poissard, que l'auteur de *Corinne* est un DRAGON, que Jean-Jacques est un COQUIN, lord Byron un BOUC, Lamartine un JOUEUR DE GALOUBET (ô Lamartine! toi le poëte chrétien par excellence!), et Molière, le grand, le profond Molière... un MOINEAU!

Vous connaissez notre biographie de George Sand. Rappelez-vous combien nous avons ménagé la femme, tout en blâmant ses œuvres.

Mais le pieux Veuillot ne ménage rien, lui, comment donc! Les convenances, niaiserie! la charité chrétienne, bêtise!

« Plus je lis ses livres, dit-il, plus je vois qu'elle a rêvé toute sa vie l'amour d'un SCÉLÉRAT, et qu'elle n'a pu obtenir que le caprice des DRÔLES. »

O madame Sand! ô mère de *Valentine* et d'*Indiana!* si, dans notre sévérité, nous nous étions servi d'un tel langage, quelle lettre nous aurions reçue !

Mais, vous le saviez, madame, nous sommes avant tout homme du monde. Vous étiez bien certaine de la politesse de notre réponse : au lieu qu'en écrivant au rédacteur en chef de l'*Univers*, peste! que serait-il advenu?

Saint Veuillot déshabille tout.

Le souvenir de ses anciens dîners aux *Frères-Provençaux* déteint sur ses pages béates.

Depuis quinze ans, il semble se donner pour tâche de vilipender et d'accabler d'opprobre tous les hommes illustres de la France. Non seulement il a jeté de la boue aux écrivains, aux romanciers, aux poëtes [1], mais, dans ses accès de rage incompréhensibles, il s'est pris, un beau jour, à insulter des généraux, des maréchaux, nobles soutiens de notre vieille gloire, qui n'ont su lui répondre qu'en allant combattre et mourir.

Vous êtes chrétien, monsieur, c'est pos-

---

[1] Quand la presse entière pleurait Gérard de Nerval, ce pauvre être inoffensif qui n'avait pas un ennemi, ce beau talent perdu pour les lettres, M. Veuillot imprima que l'auteur de *Sylvie* était un IVROGNE. Ce fut là son *De Profundis*. Il exècre tous les rimeurs en général, sans en excepter les rimeurs chrétiens. Un de nos amis, Désiré Carrière, auteur du *Curé de Valneige*, lui recommande un jour l'abbé Chapia, poëte vosgien fort distingué. Veuillot répond brutalement : « Que diable voulez-vous que je fasse de votre chantre burlesque et de sa guimbarde? »

sible; mais vous n'êtes pas artiste, mais vous n'êtes pas Français.

Il y a dans votre cœur nous ne savons quel instinct de haine jalouse qui vous porte à obscurcir tout ce qui brille, à saper tout ce qui est grand.

Pourquoi venez-vous prendre au bord de sa tombe et traîner sur la claie de votre journal un vieillard inoffensif, qui ne demande que le silence et le repos de ses derniers jours?

Béranger, direz-vous, a composé des vers impies.

Eh! monsieur, la Fontaine, au dix-septième siècle, imprima des *Contes* plus regrettables, qui ne l'ont pas empêché de mourir en chrétien! Ne connaissez-vous ni le sentiment de la miséricorde ni celui du pardon? Croyez-vous exciter le pécheur au repentir en le couvrant de bile et de fiel?

Ah! monsieur, méditez longtemps, méditez toujours les saintes paroles de Lacordaire, que nous avons reproduites au commencement de ce volume :

« Il *plaint* plus qu'il n'*accuse*, il *pardonne* plus qu'il ne *condamne*, et, toujours invincible sous le bouclier, il tempère dans son épée la force qu'il y sent, *de peur d'achever la mort dans quelque âme qui peut encore revivre.* »

Et Béranger, monsieur (nous supposons que son âme soit en péril), ne revivra pas à la foi par la lecture de vos articles. « Ces *saletés*, ces *infections*, ces *abominables turpitudes* inspirées d'Hébert et de Rabelais, » il les appelle ses *œuvres*, et il a eu jusqu'ici quelques raisons de croire qu'il n'était pas *placé, comme poëte, dans les rangs inférieurs.*

La diatribe de M. Veuillot contre le chansonnier va jusqu'à l'hydrophobie. Chaque phrase écume; chaque période est une morsure.

« Fausse poésie, fausse gaieté, fausse bonhomie, patriotisme faux, immoralité sordide, impiété bête, tel est le bilan des *Chansons nationales.* »

Ceci est le paragraphe le plus doux et le moins insultant de l'article.

Pauvre vieux poëte ! si ta gaudriole trop

vive et si ton rire trop léger sont des torts, ils appartiennent à ton siècle plutôt qu'à la perversité de ta nature, et tu n'as jamais rendu, que nous sachions, ni plus méchants ni plus impies ceux qui ont chanté tes vers. O Béranger! souviens-toi du bon la Fontaine, et laisse passer ce torrent de boue!

M. Veuillot, tous les jours, à six heures et demie du matin, assiste à la première messe de sa paroisse. Il rentre à sept heures et travaille jusqu'à son déjeuner.

Tartufe criait autrefois bien haut :

Laurent, serrez ma haire avec ma discipline !

Nous n'accusons pas M. Veuillot de ressembler à Tartufe ; mais il a tort d'écrire dans son journal :

« Le soir, ayant à peine, minuit sonnant, fini ma tâche, je traverse d'un pas pressé les rues endormies en disant mon chapelet. »

M. Veuillot, si l'on veut que nous exprimions sur son caractère une opinion définitive, est l'accusateur public du parti clérical. C'est le Fouquier-Tinville de l'ultramontanisme. Il déshonore la religion comme le protégé de Robespierre a déshonoré la République.

Les plus dignes prêtres du clergé de France le jugent comme nous, et l'évêque d'Orléans [1] lui écrivit un jour :

« Oui, nous trouvons un danger pour la foi dans la manière même dont vous avez coutume de la défendre. Pourquoi ne le

---

[1] M. Dupanloup.

dirions-nous pas? Il y a dans votre langage un accent de raillerie hautaine qui sied mal à des chrétiens dans les discussions graves, même contre les ennemis de la religion. L'éternelle vérité ne se défend point par la plaisanterie dérisoire et par l'injure : elle en souffre plus qu'elle n'en profite. Et voilà pourquoi nous n'hésitons pas à proclamer que la lecture d'un tel style est une corruption perpétuelle et un déplorable abaissement du caractère chrétien. »

Certes, on ne dira pas que le juge hésite et que la condamnation soit douteuse.

Le croirez-vous jamais, lecteurs? M. Veuillot, le journaliste agressif par excellence, M. Veuillot, l'insulteur public, proteste de toutes ses forces contre nos petits livres. Il affirme que nous *faisons du scandale* et que nous manquons de *charité chrétienne;* il nous menace de sa colère et de ses articles, si nous osons dire la vérité sur lui comme sur les autres.

Ah! pardieu, topez là, cher et pieux rédacteur!

Nous relevons le gant, c'est dit. Prenez en main votre bonne lance; nous avons la nôtre, et le public jugera les coups. On verra pour qui sera le jugement de Dieu.

La carrière est ouverte, nous vous y attendons de pied ferme.

Il serait étrange qu'un écrivain, sûr de n'avoir jamais transigé avec sa conscience, ne luttât point victorieusement contre un homme qui, sous l'estampille religieuse et sous la peau du jésuite, cache des colères impies et l'amour de l'injure.

Il serait étrange que nous n'eussions pas le droit de crier aux passants :

Prenez garde! celui-ci n'est point un agneau, c'est un loup !

FIN.

ÉPILOGUE

Paris, 21 janvier 1856.

Notre promesse est tenue, chers lecteurs, et cinquante volumes sont entre vos mains.

Dans cette longue tâche, nous n'avons reculé ni devant les obstacles ni devant la fatigue. Il nous a paru moral, au temps où nous sommes, d'écrire l'histoire vivante, et de ne pas attendre le jugement de la postérité pour rendre à chacun selon ses œuvres.

Quand une société souffre, quand des sectaires menteurs, armés de la torche et du marteau, veulent tout brûler et tout démolir, il est bon de mettre chacun en garde contre leurs tentatives.

Pour ceux-là, nous n'aurons jamais assez de blâme, assez de révélations, assez de flétrissures.

ÉPILOGUE.

Qu'ils soient dans un camp, qu'ils soient dans l'autre, peu nous importe. Nous frappons le coupable où il se trouve, et nous saluons l'honnête homme sans regarder la couleur de son drapeau.

L'histoire des faux apôtres politiques n'est pas la seule qui rentre dans notre cadre; nous écrivons également celle des littérateurs, celle des artistes, celle des illustrations de tout genre. Cinquante volumes ne suffisent pas à l'œuvre que nous avons entreprise, et d'autres portraits attendent que nous les placions dans cette galerie contemporaine.

Ainsi donc nous ne vous disons pas adieu, chers lecteurs, mais au revoir.

EUGÈNE DE MIRECOURT.

FIN DE LA PREMIÈRE SÉRIE.

Monsieur

Je vous demande pardon de ne vous avoir pas répondu encore. Votre lettre s'était égarée parmi beaucoup d'autres et je l'avais tout à fait oubliée. Je viens de la retrouver, heureusement. Vous avez bien raison de craindre la passion d'écrire si vous voulez faire fortune ; venez me voir au bureau de l'Univers entre une heure et deux, le jour qui vous conviendra. Nous causerons de votre dessein, et je vous donnerai des conseils sincères.

Votre très humble serviteur
Louis Veuillot

8 9bre 1850.

www.ingramcontent.com/pod-product-compliance
Lightning Source LLC
LaVergne TN
LVHW050638090426
835512LV00007B/912